Morin & Chabin

MALOU ¹

Le mouton qui fait

MEUH!

ÉDITIONS MICHEL QUINTIN

Catalogage avant publication de Bibliothèque et Archives nationales du Québec et Bibliothèque et Archives Canada

Chabin, Laurent

   Malou : le mouton qui fait meuh !

   (Malou ; 1)
   Pour enfants de 8 ans et plus.

   ISBN 978-2-89435-731-6

   I. Morin, Jean. II. Titre.

PS8555.H17M34 2014   jC843'.54   C2014-941484-6
PS9555.H17M34 2014

Éditrice : Colette Dufresne
Graphisme : Marie-Ève Boisvert, Éditions Michel Quintin

La publication de cet ouvrage a été réalisée grâce au soutien financier du Conseil des Arts du Canada et de la SODEC. De plus, les Éditions Michel Quintin reconnaissent l'aide financière du gouvernement du Canada par l'entremise du Fonds du livre du Canada pour leurs activités d'édition.

Gouvernement du Québec – Programme de crédit d'impôt pour l'édition de livres – Gestion SODEC

ISBN 978-2-89435-731-6

Dépôt légal – Bibliothèque et Archives nationales du Québec, 2014
Dépôt légal – Bibliothèque et Archives Canada, 2014

Éditions Michel Quintin
4770, rue Foster, Waterloo (Québec)
Canada J0E 2N0
Tél. :   450 539-3774
Téléc. : 450 539-4905
editionsmichelquintin.ca

14 – A P E – 1

Imprimé en Chine

TOUTE LA SOIRÉE, MALOU A ÉTÉ L'OBJET DE L'ATTENTION GÉNÉRALE...

SAUF DE LA PART D'UN SEUL : LE PRINCE BARDAMU... QUI N'A PAS CESSÉ DE LUI TOURNER LE DOS!

BARDAMU, D'AILLEURS, ÉVITAIT LES REGARDS ET FUYAIT TOUT LE MONDE...

... MÊME LES JOLIES SERVEUSES QUI DISTRIBUAIENT DES SANDWICHS AU FOIE GRAS.

C'EST POURTANT DE LUI QUE MALOU EST TOMBÉE AMOUREUSE.

MAIS, À MINUIT, LE PRINCE BARDAMU A DISPARU SUBITEMENT...

... SANS RIEN LAISSER DERRIÈRE LUI...

PAS MÊME UNE PANTOUFLE.

MALOU S'EST RETROUVÉE TOUTE SEULE.

LA MORT DANS L'ÂME, ELLE EST RENTRÉE CHEZ ELLE.

ELLE N'A PAS FERMÉ L'OEIL DE LA NUIT.

DÈS LE LENDEMAIN, ELLE DÉCIDE DE PARTIR À SA RECHERCHE.

IL LUI A FALLU...

OH! CETTE PLUIE, CETTE PLUIE!

IL EST GRAND...

IL EST BEAU...

BAR

IL SENT BON LE SABLE CHAUD...

...DES JOURS...

BARDAMUUUU!

...ET DES JOURS...

L'AVEZ-VOUS VU?

...AVANT DE...

...RETROUVER...

...CELUI...

...QU'ELLE AIMAIT.

POUF

10

EH OUI, BARDAMU N'ÉTAIT PAS UN PRINCE CHARMANT.

IL ÉTAIT UN MAGNIFIQUE CRAPAUD...

... VIVANT HEUREUX AU PARADIS DES CRAPAUDS.

MIAM! MIAM!

BURP!

MALHEUREUSEMENT, UNE SORCIÈRE MYOPE L'AVAIT TRANSFORMÉ EN PRINCE CHARMANT...

ET SEUL LE BAISER D'UNE FÉE POUVAIT LUI RENDRE SON APPARENCE. HEUREUSEMENT QUE MALOU ÉTAIT LÀ!

13

JE ME DEMANDE CE QU'EN PENSERA BARDAMU.

LE LENDEMAIN MATIN.

CAR BARDAMU N'EST PAS SEULEMENT L'AMOUREUX DE LA FÉE, IL EST AUSSI SON CONFIDENT ET SON CONSEILLER.

BONJOUR, MA BELLE.

Biz

TU AS L'AIR SOUCIEUSE. DES ENNUIS?

OH NON! PAS POUR MOI, EN TOUT CAS.

MAIS IL Y A LÀ-BAS UN MOUTON QUI FAIT MEUH, ET LES NAINS EN FONT TOUTE UNE HISTOIRE.

MEUH?

OUAH OUAH OUAH!

16

UN MOUTON QUI FAIT MEUH? MAIS C'EST LA FIN DU MONDE!

MEUH!

BON, HEM, LES NAINS SONT TRÈS RIGIDES, TU LE SAIS, ILS ONT HORREUR DU CHANGEMENT.

ET LES MOUTONS SONT PAREILS.

ALORS DÈS QU'UN MOUTON NE FAIT PLUS COMME LES AUTRES, IL LEUR FAIT PEUR.

S'IL FAIT MEUH, PEUT-ÊTRE QU'ILS LE PRENNENT POUR UNE VACHE. UNE VACHE FOLLE, ET ILS ONT PEUR QUE CE SOIT CONTAGIEUX...

MEUH!

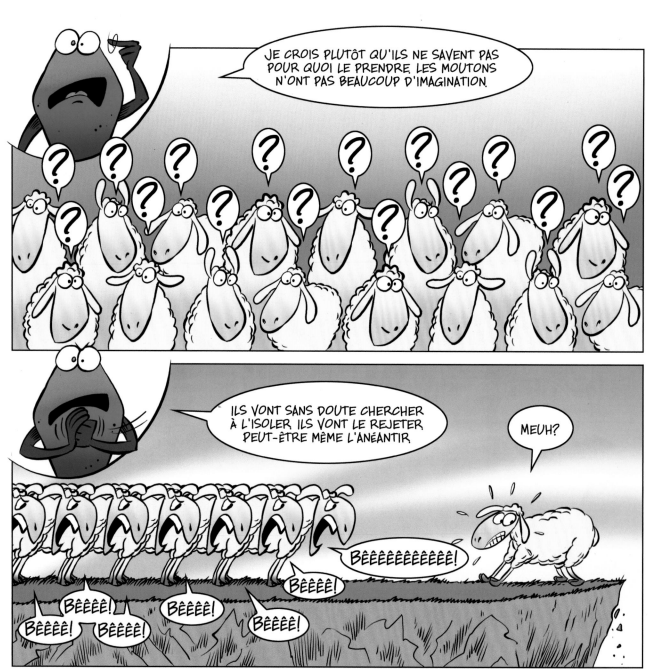

JE CROIS PLUTÔT QU'ILS NE SAVENT PAS POUR QUOI LE PRENDRE. LES MOUTONS N'ONT PAS BEAUCOUP D'IMAGINATION.

ILS VONT SANS DOUTE CHERCHER À L'ISOLER. ILS VONT LE REJETER PEUT-ÊTRE MÊME L'ANÉANTIR.

MEUH?

BÊÊÊÊÊÊÊÊÊÊÊÊ!

BÊÊÊÊ!

BÊÊÊÊ!

BÊÊÊÊ!

BÊÊÊÊ!

BÊÊÊÊ!

BÊÊÊÊ!

QUE PUIS-JE FAIRE POUR LES AIDER, ALORS?

IL VA FALLOIR Y ALLER, LEUR EXPLIQUER QUE CE N'EST PAS GRAVE.

TU M'ACCOMPAGNES?

HÉLAS, MALOU N'A JAMAIS DIT À PERSONNE QUE BARDAMU ÉTAIT SON AMOUREUX.

EUH... TU SAIS BIEN QUE JE NE SUIS PAS TRÈS PRÉSENTABLE...

ALLONS, BARDAMU, SOIS PLUS COOPÉRATIF.

MAIS JE SERAI RIDICULE AVEC ÇA!

?

PAS PLUS QU'UN MOUTON QUI FAIT MEUH, VOYONS.

FAUT-IL ÊTRE AMOUREUX, QUAND MÊME...

AU MOINS, PERSONNE NE NOUS POSERA DE QUESTIONS IDIOTES EN CHEMIN.

TU CROIS ÇA?

OH, LA JOLIE PETITE FILLE! C'EST TOUT À FAIT VOTRE PORTRAIT...

ALLONS, TU SAIS BIEN QUE JE NE PEUX PAS ME PASSER DE TOI.

QUAND MÊME, EN ROSE, TU TE RENDS COMPTE?

EN TOUT CAS, LE PREMIER QUI ME FAIT UNE RÉFLEXION, J'ABOIE ET JE LE MORDS!

24

CONVENABLE? AH SI VOUS SAVIEZ, QUELLE HISTOIRE!

D'AILLEURS CE N'EST PAS CELUI-LÀ. SI VOUS VOULEZ VOIR CET HURLUBERLU, IL EST LÀ-BAS AVEC LES AUTRES.

LES MOUTONS SE TROUVENT DANS UN GRAND PRÉ, DERRIÈRE LA FERME. MALOU DÉCIDE DE S'Y RENDRE.

VOYONS, OÙ SE TROUVE DONC NOTRE ORIGINAL?

AH, JE CROIS QUE C'EST LUI, LÀ-BAS.

BONJOUR, COMMENT VAS-TU?

MEUH!

28

33

QUELQUES MOIS PLUS TARD...

JE ME DEMANDE CE QU'EST DEVENU...

... CE PETIT MOUTON QUI FAISAIT MEUH

IL A GRANDI, JE SUPPOSE.

TU VEUX DIRE QU'IL EST RENTRÉ DANS LE RANG?

PEUT-ÊTRE. LES ORIGINAUX VIEILLISSENT SOUVENT MAL. C'EST DUR D'ÊTRE ORIGINAL.

JE T'AIME TEL QUE TU ES, MON BEAU.

TOUS LES GOÛTS SONT DANS LA NATURE...

OHÉ, LES AMOUREUX!

BONJOUR FADETTE, QUELLES NOUVELLES?

TRÈS BONNES, MALOU, TRÈS BONNES.

36

42

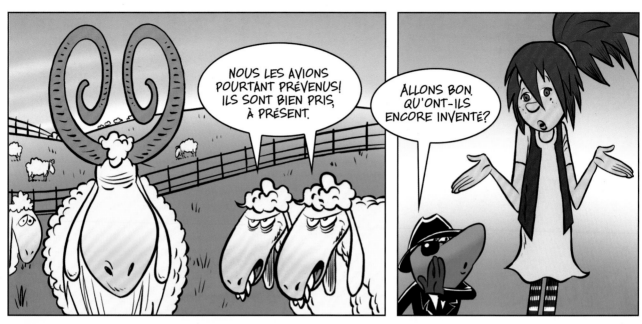

44

AH, LES VOICI!

MAIS ILS SONT MAGNIFIQUES!

TOUT LE PORTRAIT DE LEURS PARENTS.

JE DIRAIS MÊME PLUS, TOUT LE PORTANT DE LEURS PARAITS.

BURP!

BURP!

ET TOI, MON GRAND, TU NE DIS RIEN?

MIAOU!

OH NON! ÇA RECOMMENCE!

HA HA HA HA!

COMMENT PEUX-TU RIRE MALOU? C'EST AFFREUX!

LE VOILÀ QUI SE PREND POUR UN CHAT, À PRÉSENT. OÙ VA-T-ON? COMMENT TOUT CELA VA-T-IL FINIR? QU'AVONS-NOUS FAIT POUR MÉRITER UNE CHOSE PAREILLE?

MAIS VOUS FAISIEZ BIEN MEUH, VOUS!

48